BEI GRIN MACHT SICH I~~H~~
WISSEN BEZAHLT

Patrick Boll

Vere Gordon Childe und die neolithische Revolution

GRIN Verlag

Bibliografische Information der Deutschen Nationalbibliothek:

Die Deutsche Bibliothek verzeichnet diese Publikation in der Deutschen National-
bibliografie; detaillierte bibliografische Daten sind im Internet über http://dnb.d-
nb.de/ abrufbar.

Impressum:

Copyright © 2011 GRIN Verlag GmbH
Druck und Bindung: Books on Demand GmbH, Norderstedt Germany
ISBN: 978-3-656-28740-7

Dieses Buch bei GRIN:

http://www.grin.com/de/e-book/202619/vere-gordon-childe-und-die-neolithische-
revolution

GRIN - Your knowledge has value

Der GRIN Verlag publiziert seit 1998 wissenschaftliche Arbeiten von Studenten, Hochschullehrern und anderen Akademikern als eBook und gedrucktes Buch. Die Verlagswebsite www.grin.com ist die ideale Plattform zur Veröffentlichung von Hausarbeiten, Abschlussarbeiten, wissenschaftlichen Aufsätzen, Dissertationen und Fachbüchern.

Besuchen Sie uns im Internet:

http://www.grin.com/

http://www.facebook.com/grincom

http://www.twitter.com/grin_com

Christan-Albrechts-Universität zu Kiel

Institut für Ur- und Frühgeschichte

Archäologische Daten Analyse I: Lesenswert? Leittexte der Ur- und Frühgeschichte

Wintersemester 2010/2011

Vere Gordon Childe

und die

neolithische Revolution

Patrick Boll (1. Semester)   HF: Ur- und Frühgeschichte

                                              NF: Geographie

Inhalt

„Society is immortal, but ist members are born and die. Hence any idea accepted by Society and objectified is likewise immortal. In creating ideas that are accepted, any mortal member of Society attains immortality - yes, thought his name be forgotten as his bodily form dissolve. Personally i desire no more."

- Vere Gordon Childe, Society and Knowledge, 1956.

1. Einleitung

Im Jahre 1941 veröffentlichte der australische Prehistoriker Vere Gordon Childe sein Buch „Man makes himself". In diesem Werk versucht er durch die Verknüpfung von archäologischen Daten und marxistischen Ideen, eine Interpretation der Geschichte zu leisten. Eine Geschichte die sich von den ersten Jägern und Sammlern hin zu der modernen Gesellschaft rekonstruieren ließe. Zentrale Punkte in seinem Konzept sind die neolithische und die urbane Revolution. Sie stehen für entscheidende Entwicklungen in der Vorgeschichte, welche uns auf den Weg hin zur modernen Gesellschaft führen. Diese Arbeit befasst sich mit Childes Idee der neolithischen Revolution und einer kritischen Betrachtung seines Konzeptes. Zusätzlich wird versucht eine Aussage zu der Relevanz des Konzeptes und der Person Vere Gordon Childe für die Archäologie zu treffen.

2. Vere Gordon Childe

Im ersten Kapitel stellt einen kurzen Abriss über die Person Childe dar. Vere Gordon Childe wurde am 14. April 1892 in North Sydney, Australien geboren. In Sydney studierte er von 1911 bis 1914 „Classics"[1]. Durch seine guten Studienleistungen bekam er ein Stipendium und studierte von da an Altphilologie und Archäologie an der Oxford University in England. Im Jahre 1927 wurde er zum ersten „Abercromby Professor"[2] an der University of Edinburgh berufen. Bis 1946 übte er dieses Amt aus und wurde dann Professor und Direktor am „Institute of Archaeology" am heutigen University College London. Er war im Laufe seines Lebens politisch aktiv. So veröffentlichte er 1923 sein Werk „How Labour Governs". In diesem verarbeitet er seine Zeit als Privatsekretär des Labour-Ministerpräsidenten in New South Wales, Australien. Er setzte sich zudem gegen den Nationalsozialismus ein. So zeigte er unteranderem, dass die Vorstellung nationalistischer Ideologen in Bezug auf die Existenz höherwertiger Rassen falsch ist. Isolierte Gesellschaften erblühen nicht, sie verenden (Faulkner, 2007). Am 19. Oktober 1957 kam er bei einem Sturz in den Blue Montains, Australien ums Leben. Es scheint wahrscheinlich dass er den Freitod wählte. Während der 1970er Jahren erschienen drei unabhängige Biographien zu Childe von Barbara McNairn, Bruce Trigger und Sally Green[3] (Tringham, 1983). Am Ende seines Lebens war Childe

---

[1] „Classics": Ein Studium altertümlicher Sprachen und Geschichte (Quelle: http://sydney.edu.au/).
[2] „Abercromby Professor": Ein Lehrstuhl für Archäologie an der University of Edinburgh. Gestiftet von Lord Abercromby of Abourkir and Tulliboy (1841-1924) (Quelle: http://www.arcl.ed.ac.uk/arch/abercrom.html).
[3] Barbara McNairn: siehe Literaturverzeichnis.
Bruce Trigger: Gordon Childe: Revolutions in Archaeology. London: Thames and Hudson, 1980.
Sally Green: Prehistorian. A biography of V. Gordon Childe. Moonraker Press, Bradford-on-Avon, 1989.

konfrontiert mit den neuen Datierungsmethoden, wie die 14C-Methode. Er muss gespürt haben, dass die Zerschlagung seiner Konzepte und Chronologie in den nächsten Jahren kommen würde. Zusätzlich desillusionierte ihn die gewaltsame Zerschlagung des Ungarischen Volksaufstandes im Jahre 1956 bezüglich seiner politischen Einstellungen. Childe könne deshalb als ein weiteres Opfer des Stalinismus betrachtet werden (Faulkner, 2007).

Abb. 1 Vere Gordon Childe mit einem Geschenk eines Studenten (Quelle: Tringham, 1983).

3. Die neolithische Revolution

Der Begriff der „Neolithic Revolution" beschreibt in erster Linie den Übergang vom Jagen und Sammeln hin zum Halten von Nutztieren und zum Ackerbau. An einem unbestimmten Punkt in der Vorgeschichte hat der Mensch damit begonnen Pflanzen und Tiere zu domestizieren um sie für die eigene Nahrungsproduktion zu nutzen. Ökonomisch gesprochen handelt es sich hierbei also um eine Veränderung der Wirtschaftsweise (Darwill, 2008). Seit die Idee einer „Neolithic Revolution" durch Vere Gordon Childe populär gemacht worden ist, sind viele theoretische Ansätze entstanden. Der Prozess der Entstehung, also der Übergang zu einer selbstproduzierenden Wirtschaftsweise, ist auch im Jahre 2011 ein diskutiertes Thema und stellt einen eigenen Zweig innerhalb der Urgeschichtsforschung da. Um es vorweg zu nehmen, bisher erscheint keiner der Ansätze ausreichend befriedigend. Damit soll gemeint sein, dass die verschiedenen Konzepte zwar regional bezogen schlüssig sind und funktionieren mögen, jedoch eine allumfassende Theorie bislang fehlt (Weisdorf, 2005). Vere Gordon Childe selbst lieferte einen Ansatz, welcher aus dem historischen Materialismus schöpft. Diese Gedankengänge werden im Folgenden illustriert und kritisch betrachtet.

3.1 Die „Oasen-Hypothese" und der Fruchtbare Halbmond

Wie es sich für den Historischen Materialismus gehört, liegt der Auslöser für die neolithische Revolution allein in Umweltfaktoren. Am Ende der letzten Eiszeit[4] kam es zu einem Klimaumschwung. Die Winde über dem Atlantik verschoben sich nach Norden. Dies führte zu einem trockeneren Klima im Gebiet der Levante und Nordafrikas. Dies muss Dürren zur Folge gehabt haben, welche die Menschen und Tiere dazu veranlasste Schutz in den Oasen und Überschwemmungsgebieten der Flüsse zu suchen. Dort muss es zur ersten Domestikationen gekommen sein. Auf die Frage was zuerst dagewesen sein muss, Ackerbau oder Nutztiere gibt Childe uns eine Antwort. Am Beginn seines Textes erwähnt er, dass unterschiedliche Schulen unterschiedliche Antworten auf dieses Henne-Ei-Problem haben. Die Antwort finde sich in den archäologischen Daten, denn es sei uns bekannt, dass die ersten Bauern nur sehr wenige Nutztiere hatten und sich ihre Nahrungsbeschaffung auf Ackerbau und Jagt beschränkt haben muss. Dies bettet er später in die „Oasen-Hypothese" ein in dem er sagt dass die Nutztiere, auf der der Flucht vor Hunger und Räubern, wahrscheinlich zu den Menschen gefunden haben, da dieser ihnen Nahrung geboten haben muss (Childe, 1941). Der Autor zeichnet hier ein Bild von halbverhungerten wilden Tieren, die von den Ernteresten der ersten Bauern zehren. In Childes Vision reicht also der bloße Kontakt zueinander aus, um gemeinsame Wege zu gehen. Jedoch bleibt uns hier eine genauere und vor allem weniger konstruierten Erklärung schuldig, was auch dazu führte, dass die „Oasen-Hypothese" heute abgelehnt wird. Zusätzlich stellte sich heraus, dass die Klimaveränderung selbst nicht schnell genug abgelaufen ist um eine Veränderung des Verhaltens hervorzurufen. Es kommt erschwerend hinzu, dass der Prozess der neolithischen Revolution auch in Regionen stattfand, welche nicht unter dramatischen Klimaschwankungen gelitten haben und in denen es wahrscheinlich ausreichend Nahrung gab. Nichtsdestotrotz gibt es heute erneut Theorien, welche Umweltfaktoren besonders den des Klimas als Auslöser für den Wandel sehen.

---

[4] Childe spricht hier offenbar von der Weisel-Eiszeit

Ein Beispiel dafür ist die „Jüngere Dryas"-Hypothese[5] (Weisdorf, 2005). Ihm ist aber sicherlich der weitere Gedankengang anzurechnen. So bemerkt er, dass die Domestikation von Tieren sicherlich auch schon vor der neolithischen Revolution stattgefunden haben muss. Als Jäger die ersten Wölfe zu ihren „Jagthelfern" machten. Er fährt weiter fort, dass der Mensch im Laufe der Zeit, bewusst oder unbewusst, Selektion betrieben haben muss. Die ersten Nutztiere dienten wohl rein zur Fleischproduktion doch später kommen andere Nutzungsmöglichkeiten hinzu. Childe erwähnt hier, dass bereits vor 3000 B.C. in Mesopotamien Schafe in Hinblick auf ihre Wolle gezüchtet wurden. Die neolithische Revolution im Zusammenhang mit der Neolithisierung Europas verortet Childe in die Gebiete des Fruchtbaren Halbmonds (siehe Abb. 2). Er argumentiert dass dort wohl die besten Bedingungen für den Start der Revolution geherrscht haben müssen. Dort fänden sich alle Vorfahren der heutigen Nutztiere (Rinder, Schafe, Schweine, Ziegen). Zusätzlich noch die wilden Gräser Einkorn und Emmer als Vorfahren von Weizen und Gerste. Funde der Natufien[6] beinhalten die ersten Gerätschaften zur Verarbeitung von Nutzpflanzen. Trotzdem sieht Childe die Möglichkeit des getrennt voneinander Mehrfachstattfindens. Beispielsweise in Mittelamerika oder Ost-Asien (Childe, 1941). Die Verortung in den Fruchtbaren Halbmond gehört jedoch heute zur allgemeinen Lehrmeinung. So nutzt 1997 der amerikanische Forscher Jared Diamond in seinem Buch Guns, Germs and Steel: The Fates of Human Societies im Prinzip dieselben Argument wie Childe. Dieses Buch wird in dieser Arbeit jedoch nicht verwendet da es sich dabei nur um ein Sachbuch handelt, welches 1998 zwar mit dem Pulitzer-Preis ausgezeichnet wurde, jedoch auch scharf kritisiert wurde. Es mag nur als Beispiel dienen für ein populäres Werk, welches sich scheinbar auf Childes Idee stützt.

---

[5] „Jüngere Dryas"-Hypothese: Zwischen 11 000 und 10 000 BP sinkt die Temperatur in Nordwest Europa. Es folgte ein Gletschervorstoß. Um die Gletscher entstehen neue periglaziale Zonen. Eine Folge davon ist, ein erhöhter Niederschlag und damit eine stärkere Wolkenbildung. Dies Verändert die Lage der polaren und ozeanischen Fronten (Mayhew, 2004). In der Levante und Nord Afrika führt dies zu einem kälteren und trockeneren Klima. Es wird argumentiert, dass dieses Klimaereignis die Natufien-Kultur zu einer neuen Wirtschaftsweise gezwungen hätte. Die ersten Siedlungen datieren zurück bist 13 000 BP. Dadurch kommt der Faktor Bevölkerungsdruck hinzu (Weisdorf, 2005).
[6] Natufien: Epipaläolithische Kultur um 10500 bis 8000 BC in der Levante. Sie waren sesshafte bzw. semi-sesshafte Jäger und Sammler. Man findet von ihnen Mörser zum Zermahlen von Getreide, Mikrolithen, Pfeil- und Sperrspitzen aus Knochen und Fischerharken, Jedoch gibt es bis heute keinen Hinweis darauf dass sie gezielt Anbau oder Tierhaltung betrieben haben (Darwill, 2008). Das Sammeln von wildem Getreide könnte der erste Schritt hin zu einer Landwirtschaft sein.

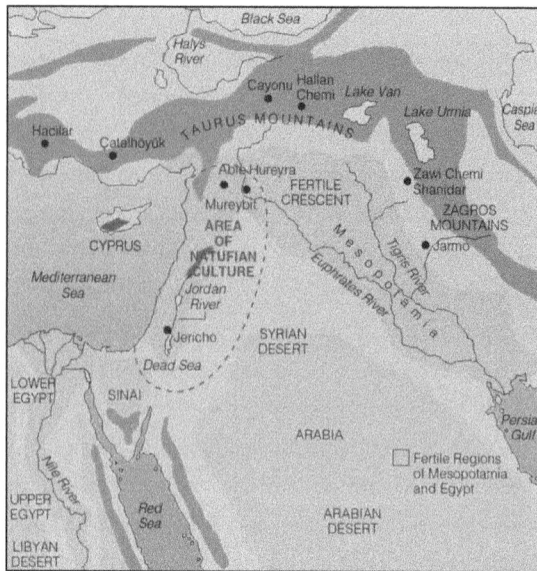

Abb. 2 Der Fruchtbare Halbmond mit dem

Verbreitungsgebiet der Natufien (Quelle: Wadsworth, 2005).

3.2 Von Sammlern und Bauern

In seiner Argumentation nutzt er spezifische Bilder von den unterschiedlichen Wirtschaftsweisen. Jäger und Sammler werden hier dem Bauer gegenüber gestellt. Childe versucht mit einem Pro und Contra, zu zeigen weshalb es zur neolithischen Revolution gekommen ist. Der erste Nachteil der sammelnden Wirtschaftsweise sei die Beschränkung in Hinblick auf das Populationswachstums. Jäger und Sammler Gesellschaften blieben deshalb immer klein, weil die natürlichen Nahrungsquellen von der Natur beschränkt seien. Er belegt dies mit der Tatsache, dass man mit dem Auftauchen der produzierenden Wirtschaftsweise eine Bevölkerungsexplosion in den Daten zu finden ist. Die Anzahl der Skelettfunde steigt um einen Faktor von 100 in nur 1/100 der Zeit. Als Beispiele nennt er die Fayum Oase, den ersten Nil Katarakt in Ägypten und die Trichterbecherkultur in der Nordeuropäischen Tiefebene. Ein weiterer Vorteil sei, dass die Vielfallt an Nutzpflanzen den Bauern eine gute Ernährungsgrundlage gewesen sei. Auch hier zeichnet er abermals ein Bild, das Jagen und Sammeln als eine kräftezehrende Tätigkeit die den gesamten Tag ausfüllt. Die Feldarbeit sei zwar ebenso Aufwendung, dafür aber im Falle des Getreideanbaus saisonal. Dadurch hätte der Bauer mehr Zeit für andere Tätigkeiten. Er könne besser dem Erschaffen von Kunst oder

Entwicklung von Technologie nachgehen. Zusätzlich würden Kinder endlich ökonomisch nutzbar. Sie könnten die Felder vor Vögeln beschützen oder Schafs- und Rinderherden beaufsichtigen. All dies führt in seinem Konzept später zu einem Bevölkerungswachstum, zur Sesshaftigkeit, zu Kunst und Religion, zum Handel und letztendlich auch zur Entwicklung von Technologie. Dies alles sei dem Jäger und Sammler weitestgehend verwehrt geblieben, da dieser abhängiger von seiner Umwelt sei. Was dazu führe, dass jeglicher Veränderung ein zusätzliches Risiko innewohne, welches wiederum die Möglichkeit zum Fortschritt bremse (Childe, 1941). Spätere Arbeiten zeigen jedoch, dass Childes Beschreibungen hinken. Der Bauer genießt nicht auf Anhieb die Vorzüge moderner Kulturpflanzen. Sie sind erst durch Zucht entstanden. Auch ist seine Vorstellung des Arbeitsaufwands falsch. Der Archäobotaniker Jack R. Harlan (1992) fragt also zu Recht warum man den Spaß des Jagens aufgibt für harte Knochenarbeit und eine schlechtere Ernährung. Childe bedenkt in seinem Konzept nicht die Nachteile, beispielsweise Seuchen und Krankheiten, die aus der neuen Wirtschaftsweise resultieren (Weisdorf, 2005). Der zentrale Vorteil den eine produzierende Wirtschaftsweise mit sich bringt ist nach Childe die Tatsache, dass es für sie einfacher ist Überschüsse zu produzieren. Diese Überschüsse spielen eine zentrale Rolle im Hinblick auf ihre Funktion, wie im nächsten Kapitel gezeigt wird. Vorher soll jedoch noch einmal kurz auf den Begriff der Sesshaftigkeit eingegangen werden. Childe war sich bereits darüber bewusst dass es vielerlei Missverständnisse in Bezug auf Wirtschaftsform und Grad der Sesshaftigkeit gab. Landwirtschaftliche Tätigkeit erfordert nicht automatisch einen sesshaften Lebensstil. Andersherum bedeutet Jagen und Sammeln nicht das man umherziehen muss. Pastoralisten wie die mongolischen Stämme würden nämlich nur kurzfristig sesshaft sein, insgesamt jedoch mit ihren Viehherden umher ziehen. Ein Beispiel für sesshafte Jäger fände man im 19ten Jahrhundert an der Pazifikküste Kanadas.. Childe vermochte es auch verschiedene landwirtschaftliche Strategien zu unterscheiden. Er nennt die sogenannte „garden-culture"[7] als eine der primitivsten Formen der Landwirtschaft. Hinzu kommt die Brandrodung[8]. Diese könne man noch heute im Sudan, Südamerika und Südostasien finden (Childe, 1941).

---

[7] garden-culture" auch „hoe-culture": Bei dieser Strategie nutzt man einen Ackerboden solange bis dieser unfruchtbar wird. Danach zieht man einfach weiter und sucht sich neuen Boden (Childe, 1941). Childe sieht dieses Problem als Anstoß für die Weiterentwicklung der landwirtschaftlichen Strategien.
[8] Brandrodung: Bei der Brandrodung zündet man beispielsweise eine Waldfläche an. Der Boden wird durch die Asche fruchtbar und kann zum Anbau genutzt werden. Ist dieser Boden ausgelaugt so zieht man ebenfalls weiter und verbrennt ein neues Stück Land (Childe, 1941).

3.2 Überschüsse

Wie bereits angesprochen fällt ist es in einer Landwirtschaft bedeutend einfacher Überschüsse zu produzieren. Getreide ist länger haltbar und kann einfacher aufbewahrt werden als Fleisch oder Früchte. Dazu kommt wohl, dass gezielt auf den Überschuss hingearbeitet werden kann. Der Überschuss selbst bringt nach Childe viele Vorteile mit sich und kann wohl als treibende Kraft in einer materialistischen Interpretation der Vorgeschichte gesehen werden. Zum einen ermöglichen sie es einer Gesellschaft schlechte Ernten, Dürreperioden oder andere Umweltkatastrophen besser zu überstehen. Zum anderen kann dank ihnen die Arbeitsteilung beginnen. Childe sieht die Arbeitsteilung zwar noch nicht während der neolithischen Revolution aufkommen jedoch wird sie in seinem anschließenden Konzept der städtischen Revolution ein wichtiger Bestandteil des Ganzen. Dazu kommt, dass mit den Überschüssen spezialisierte Arbeit erst möglich wird. Es muss nicht jeder einzelne mehr an der Nahrungsproduktion teilnehmen, sondern es können sich Handwerker heraus bilden. Menschen deren Aufgabe es ist Technologie zu entwickeln und zu produzieren. In den Zeiten der Revolution selbst gäbe es diese starke Spezialisierung jedoch noch nicht. Er nimmt an, dass die ersten Handwerksarbeiten mehr eine Art von Hausarbeit darstellten. Die neolithischen Bauern mögen sie in ihrer Freizeit Haushalt für Haushalt alleine verrichtet haben (Childe, 1941). Im marxistischen Kontext läuten diese Überschüsse jedoch auch die erste Runde des Klassenkampfes ein. Nachdem eine Überschusswirtschaft etabliert ist, entstehen ganz neue Machtverhältnisse. Zu nächst müssen die Überschüsse vor Dieben und hungrigen Tieren bewacht werden. Die dafür abgestellten Individuen müssten im Laufe der Zeit Macht über die Bauern bekommen um letztendlich zu Autoritäten zu werden. Im nächsten Abschnitt dieser Arbeit wird auf die neue Technologie eingegangen.

3.4 Technologien

Neolithisches Inventar zeichnet sich dadurch aus, das es geschliffen ist. Childe vermutet dies könne ein Zufallsprodukt sein. Zum einen könne der Effekt entdeckt werden als die neolithischen Bauern Stein auf Stein gerieben haben während sie Getreide mahlten. Oder während der Feldarbeit selbst wenn sich die Geräte bei der Feldarbeit automatisch abnutzen. Dies führe zur Entwicklung der Axt. Die Axt selbst sieht er als Ursache für das Aufkommen der Holzbearbeitung. Weiter führt er Keramik als charakteristisches Merkmal für die neolithische Revolution an. Ihr kommt eine besondere Rolle zu, denn dieser erste

„chemische" Prozess der Welt sei möglicherweise sogar in der Bibel reflektiert worden[9].
Dazu kommt der Herstellung von Textilien. Zwar sagt er dass Textilien als solche aufgrund
der Verwitterung nicht mehr in den archäologischen Daten zu finden sind, ähnlich wie bei den
Behausungen der Pastoralisten, jedoch findet man Spinnwirteln aus Stein oder Keramik. Die
Entwicklung des Webstuhls selbst deutet er wohl mit Recht als einen der Höhepunkte der
damaligen Entwicklung (Childe, 1941). Das Konzept gerät hier schon teilweise ins Wanken.
Bei den Äxten räumt er ein, dass es Funde von axtähnlichen Werkzeugen auf dem Balkan gibt
aus einer Zeit bevor es dort eine produzierende Nahrungsgewinnung gab. Auch nimmt er
Abstand von der Keramik und nennt dabei die frühsten Funde aus Kenia. Sagt aber, dass die
Menge an Keramik mit der Revolution drastisch zunimmt.

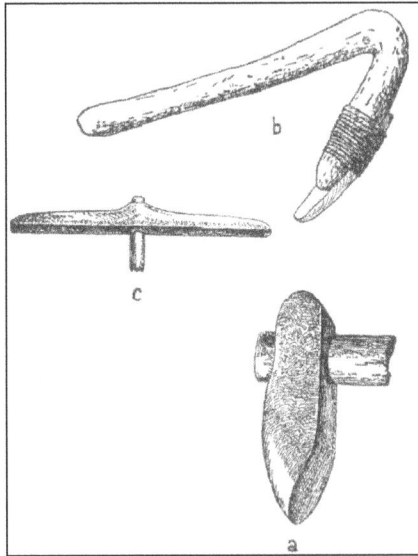

Abb. 3 Drei Hacken aus der Zeit der neolithischen Revolution. Die einzige von Childe verwendete
Abbildung in „The Neolithic Revolution" (Quelle: Childe, 1941).

3.4 Götter und Gesellschaft

Der letzte Abschnitt dieses Kapitels betrachtet Childs Interpretation der zuvor heraus
gearbeiteten Entwicklungen. Vere Gordon Child betrachtete nicht einfach nur die
archäologischen Funde sondern versuchte ihre Bedeutung in einem gesellschaftlichen Kontext

---

[9] In der Genesis 1. Moses 2/7 heißt es „Da machte Gott der HERR den Menschen aus Erde vom Acker und blies
ihm den Odem des Lebens in seine Nase. Und so ward der Mensch ein lebendiges Wesen.".

zu sehen. Die Entstehung von Religion sieht Child als Produkt der Umwelt. Die neolithischen Bauern müssen genau wie die Jäger und Sammler ihre Abhängigkeit von den Naturkräften gespürt haben. Die vorneolithischen Fruchtbarkeitskulte müssten übernommen worden sein. Einen Hinweis auf solche Übernahme, hier von den neolithischen Siedlungen hin zur Urban Revolution", fände sich in Ägypten. Es gäbe indirekte Beweise dafür, dass im Nildelta ein System von totemischen Clans überlebt haben muss. Als die neolithischen Siedlungen später übernommen wurden behielten diese ihren Namen, der mit dem Symbol des Clans in Verbindung gebracht werden kann. Beispielsweise Hierakonpolis[10] oder „Falcontown". Er bezieht sich weiterhin auf Ägypten indem er sagt, dass während der Nil Flut der Stern Sirius an einer bestimmten Stelle steht. Die Menschen müssten deshalb geglaubt haben Sirius selbst der Auslöser der Flut sei. Dies sei die Geburtsstunde der Astrologie gewesen. In Europa hingegen wo die Bewegung der Sonne prägnanter ist treffen wir Sonnenkulte an. Den Handwerken schreibt er eine bedeutende Funktion zu. Er nimmt an sie seien in gesellschaftlicher Arbeit ausgeübt worden. Dazu käme es zu einem Wissenstransfer zwischen den Generationen, was Lernprozesse entfache (Childe, 1941). Dies ist sicher nicht von der Hand zu weisen. Trotz der theoretischen Möglichkeit zur Selbstversorgung seien die neolithischen Gesellschaft auf keinen Fall isoliert gewesen. Die Produktion von neuen Waren oder sei es nur von Lebensmitteln müsse eine Form des Handels zwischen den einzelnen Gemeinschaften ausgelöst habe. Eine große Bedeutung schreibt er zudem auch der Keramik zu. Die Keramik wird so zu einem Medium für gestalterische Freiheit. Sie spiegelt zu einem gewissen Grad gesellschaftliche Veränderungen wieder. Interessant ist die Verknüpfung von Herstellungsprozessen und Religion. Child sagt, dass die Produktion ritualisiert worden sein muss. Einzelne Schritte in der Produktion wurden von Generation zu Generation weiter gegeben und mystisch aufgeladen. Dies bringt uns zum nächsten Kapitel dieser Arbeit.

4. Marxistische Archäologie und Kritik

Die marxistische Archäologie stellt einen Ansatz für die Interpretation archäologischer Daten mit Hilfe der Philosophie von Karl Marx und Friedrich Engels dar. Genauer gesagt verwendet sie die Idee des historischen Materialismus um archäologische Daten auf soziale und kulturelle Entwicklungen hin zu untersuchen (Darwill, 2008). Der Historische Materialismus sagt aus das Veränderungen innerhalb einer Gesellschaft durch die ökonomischen

---

[10] Hierakonpolis: Alltertümliche Stadt im Oberen Ägypten. Sie liegt südlich von Thebes und war in vorgeschichtlicher Zeit die Residenzstadt der Könige des Oberen Ägyptens. Ihren Höhepunkt hatte diese Stadt zwischen 3400 und ca. 2575 BC. Später verlor sie an ökonomischer Bedeutsamkeit blieb aber weiterhin ein religiöses und historisches Zentrum Ägyptens (Quelle: http://www.britannica.com/).

Verhältnisse determiniert werden. Das gesellschaftliche System selbst ist somit abhängig von der Güterverteilung. Die Ursache für soziale Ungleichheiten und Klassenteilung wäre demnach in einer ungleichen Güterverteilung zu suchen. Für die Geschichtswissenschaften, in unserem Fall für die Vorgeschichte, bedeutet dies, dass der Grund für Veränderungen nicht in den Religionen oder Philosophien seiner Zeit zu finden ist sondern im ökonomischen System (Engels, 1971). Diese Aussage relativiert Engels jedoch später selbst, denn Material als einzige treibende Kraft lässt den Historischen Materialismus zu einem absurden Konstrukt werden (McNairn, 1980). Trotzdem trifft der Historische Materialismus auf harte Kritik. Sir Karl Popper (1968) bemerkt dass Marx zwar einen antidogmatischen Umgang fordert dies jedoch von den Marxisten nicht so umgesetzt wurde. Der Historische Materialismus sei deshalb dogmatisch und somit pseudowissenschaftlich. Dies soll nur ein Beispiel sein für die Diskussion um dieses Konzept. Interessant für diese Arbeit ist wohl die Art und Weise wie Childe mit diesem Konzept umgegangen ist. Er selbst nämlich sagt, dass die Technologie und die Wirtschaft die wohl am besten wiedergespiegelten Faktoren in den materiellen Hinterlassenschaften seien. Deshalb sei es die Aufgabe der Archäologie diese Sequenzen chronologisch zu verknüpfen. Dadurch würde es möglich gesellschaftlichen Wandel zu rekonstruieren (Peregrine, 2001). Der Historische Materialismus ist in Childes Konzept der neolithischen Revolution überall zu finden. Schon die Ursache für seine Revolution ist, wie bereits erwähnt, in der Umwelt zu suchen und nicht in den Köpfen der Menschen. Gesellschaftlicher Wandel wie Handel oder institutionalisierte Religion hat für ihn immer einen physischen Hintergrund. Weiterhin zeigt sich in seiner Einstellung zur Religion seine marxistische Prägung. Religion ist für Childe ein Faktor der Entwicklung zwangsläufig lähmt. Der Bau von Pyramiden beispielsweise sei eine Verschwendung von Arbeitskraft und direkter Ausdruck der Klassengesellschaft (Childe, 1941). Vere Gordon Childe ist jedoch auch sein eigener Marxist. So gibt er beispielsweise zu dass am Ende der gesellschaftlichen Entwicklung die klassenlose Gesellschaft stehen kann aber nicht muss. Dies wäre zwar wünschenswert jedoch ist der Weg dorthin kein Naturgesetz (McNairn, 1980). Es gibt heute bereits Ansätze, welche die Religion in ein anderes Licht zu rücken vermögen, wie die von Cauvin (1994) oder Watkins (2005). Allein schon der Titel „Man makes himself" oder zu Deutsch „Der Mensch erschafft sich selbst", verrät uns Childes Einstellung zur Religion. Ein Recht offensichtlicher Kritikpunkte mag in seinem Schreibstil liegen. Deshalb mag sein Buch „Man makes himself" zu seiner Zeit unter Kollegen auch als populärwissenschaftliches Werk verschrien gewesen sein (Tringham, 1983). Wie man im Text bemerkt, zeichnet Childe auf der einen Seite konkrete Bilder, relativiert diese aber im Laufe des Textes wieder. Ein Beispiel dafür ist vielleicht der Begriff des „mixed farmings". Childe distanziert sich hier von seinem Bild einer „besseren" Bauerngesellschaft und sagt dass diese in der Realität so nicht existierte. Vielmehr beinhaltet eine Wirtschaft beide Strategien gleichzeitig, bloß eben in unterschiedlichen Verteilungen. Damit mag er sicher recht gehabt haben, denn auch im Jahre 2011 jagen und sammeln wieder noch. Auch sein Konzept der neolithischen Revolution, welches er bildreich beschreibt, erklärt er gegen Ende des Textes als nur hypothetisch. Die Revolution ist also kein plötzlicher Einschnitt in die Geschichte sondern mehr ein langwieriger Prozess. Der Vollständigkeit halber soll noch sein, in der damaligen Zeit weitverbreitetes, Frauenbild angesprochen werden. Childe bezeichnet Frauen als innovationsscheu als er über Keramik spricht. Deshalb hätten die ersten Gefäße so viel Ähnlichkeit mit ihren Vorgängern die noch aus anderen Materialien hergestellt worden sind. Heute bezeichnet man so etwas als Rudiment. Trotz all der Kritik würde dieses Kapitel dem Autor als Abschluss dieser Arbeit mit Nichten gerecht werden, denn es schimmern noch andere Dinge in „The Neolithic Revolution". Damit komme ich nun zur Zusammenfassung dieser Arbeit.

5. Zusammenfassung

Zu Lebzeiten galt Vere Gordon Childe als der führende Prähistoriker Europas. Er verfasste innerhalb von 32 Jahren 22 Bücher. Dazu kommen über 240 einzelne Arbeiten (Tringham, 1983 und Sherrat, 1989). Er schöpfte sein Wissen über die Vorgeschichte aus unzähligen Reisen und Museumsbesuchen. Auch war er aktiv im Feld tätig, wie beispielsweise bei seiner größten Ausgrabung Skara Brae[11]. Flannery (1994) sagt „What matters ist that Childe has a vision of evolution at a time when other archaeologists had only chronology charts.". In einer Zeit in der die Archäologie mit dem Antiquariat vergangener Zeiten beschäftigt war versuchte Vere Gordon Childe eine umfassende Interpretation der Geschichte zu liefern (Saitta, 1995). Wie man im vorgestellten Text beobachten kann, nimmt Childe einen bestimmten Fund oder mehrere Funde und versucht sie, über ihre Funktion hinaus, auf ihre gesellschaftliche Relevanz zu untersuchen. Childe gilt als einer der Größten seiner Disziplin. Was die „The Neolithic Revolution" begrifft sei gesagt dass sie, wie bereits erwähnt, einen ganzen Zweig der Forschung darstellt. Sie hat über die Jahre unterschiedlichste Disziplinen angezogen.

---

[11] Skara Brae: Eine neolithische Siedlung auf der westlichen Seite der Insel Mainland in Orkney, Schottland. Intensiv ausgegraben von Vere Gordon Childe in den Jahren 1928-1930 und später während der 1970er von David V. Clarke. Sie datiert in die Zeit 3100 bis 2500 BC zurück. Aus Gründen von Holzmangel sind die Einrichtungsgegenstände aus Stein gebaut. Auch ist Stein in die Hauskonstruktionen verbaut worden. Die Bewohner lebten hauptsächlich von marinen Ressourcen, hielten aber auch Schafe und Rinder. Zusätzlich gab es in kleinem Umfang Getreideanbau (Darwill, 2008).

Genannt seien die historische Ökonomie, die Evolutionsbiologie oder die Wahrnehmungspsychologie. Seine „Urban Revolution" kann als überdurchschnittlich oft zitiertes Werk außerhalb der eigenen Disziplin betrachtet werden (Smith, 2009). Über die Jahre sind zur neolithischen Revolution verschiedenste Hypothesen aufgestellt worden. Die neolithische Revolution stellt also auch als Diskussion einen Beitrag zur Urgeschichtsforschung da. Dies mag einen Eindruck davon vermitteln wie relevant Vere Gordon Childe und seine „Neolithic Revolution" für das Fach der prähistorischen Archäologie ist. Unabhängig davon, dass sich seine eigentlich Thesen und Chronologie durch naturwissenschaftliche Methoden, wie der 14C-Methode, als falsch heraus gestellt haben. Bleibt er ein Wissenschaftler dessen Fingerabdruck sich im Fach wieder findet. Seine Relevanz für das Feld liegt eben nicht in der Richtigkeit seiner Daten, sondern in der Entwicklung die er ausgelöst hat (Saitta, 1995). Oder wie es Andrew Sherrat (1989) formulierte, „Prehistoriography is still a dialogue with the ghost of Childe".

Abb. 4 Vere Gordon Childe in Skara Brae auf Mainland, Orkney

in Schottland (Quelle: http://www.bbc.co.uk).

6. Literatur

Beitrag in Sammelwerken

Watkins, Trevor (2005): The Neolithic revolution and the emergence of humanity: a cognitive approach to the first comprehensive world-view. In Clarke, J. (ed.), Archaeological Perspectives on the Transmission and Transformation of Culture in the Eastern Mediterranean. Levant Supplementary Series, volume 2. Oxford: Council for British Research in the Levant & Oxbow Books. Online verfügbar unter http://www.arcl.ed.ac.uk/arch/watkins/humanity_paper.pdf.

Popper, Sir Karl (1968): Was ist Dialektik? In Topitsch, Ernst: Logik der Sozialwissenschaften. 11th ed. Königstein/Ts: Athenäum (Sozialwissenschaften, 4066), 1984.

Buch (Monographie)

Cauvin (1994), J. Cauvin: Naissance des devinités, Naissance de l'agriculture: La Révolution des Symboles au Néolithique. CNRS Publications, Paris. Second, revised edition, 1997.

Childe, V. Gordon (1941): Man makes himself. Nottingham: Spokesman, 2003. Online verfügbar unter http://www.worldcat.org/oclc/56060701.

Darwill, Timothy (2008): The concise Oxford dictionary of archaeology. 2nd ed. Oxford: Oxford Univ. Press. Online verfügbar unter http://www.gbv.de/dms/bowker/toc/9780199534050.pdf.

Engels, Friedrich (1971): Herrn Eugen Dührings Umwälzung der Wissenschaft. ("Anti-Dühring"). 16th ed. Berlin: Dietz (Bücherei des Marxismus-Leninismus).

McNairn, Barbara (1980): The method and theory of V. Gordon Childe. Economic, social and cultural interpretations of prehistory. Edinburgh: University Press.

Mayhew, Susan (2004): A dictionary of geography. 3rd ed. Oxford: Oxford Univ. Press (Oxford paperback reference). Online verfügbar unter http://www.loc.gov/catdir/enhancements/fy0618/2004058035-d.html.

Weisdorf, Jacob L. (2003): From foraging to farming. Explaining the Neolithic Revolution. Copenhagen: Institute of Economics, University of Copenhagen. Online verfügbar unter http://www.worldcat.org/oclc/473992129.

Zeitschriftenaufsatz

Faulkner, Neil (2007): Gordon Childe and Marxist Archaeology. In International Socialism 116. Online verfügbar unter http://www.isj.org.uk/index.php4?id=367&issue=116.

Peregrine, Peter N. (2001): Cross-Cultural Comparative Approaches in Archaeology. In Annual Review of Anthropology 30, pp. 1–18. Online verfügbar unter http://www.jstor.org/stable/3069206.

Saitta, Dean J. (1995): Reviewed Work: The Archaeology of V. Gordon Childe: Contemporary Perspectives by Harris, David R. In American Antiquity 60 (3), pp. 556–557. Online verfügbar unter: http://www.jstor.org/stable/282267.

Sherratt, Andrew (1989): V. Gordon Childe: Archaeology and Intellectual History. In Past & Present (125), pp. 151–185. Online verfügbar unter http://www.jstor.org/stable/650864.

Smith, Micheal E. (2009): V. Gordon Childe and the Urban Revolution: a historical perspective on a revolution in urban studies. In The Town Planning Review 80 (1), pp. 1–29. Online verfügbar unter: http://www.public.asu.edu/~mesmith9/1-CompleteSet/MES-09-Childe-TPR.pdf.

Tringham, Ruth (1983): Review: V. Gordon Childe 25 Years after: His Relevance for the Archaeology of the Eighties. In Journal of Field Archaeology 10 (1), pp. 85–100. Online verfügbar unter http://www.jstor.org/stable/529750.

Abbildungsverzeichnis

Abb. 1: Vere Gordon Childe mit einem Geschenk einer seiner Studenten (Tringham, 1983).

Online verfügbar unter http://www.flickr.com/photos/58696257@N03/5511849959/#/.

Abb. 2: Fruchtbarer Halbmond mit dem Verbreitungsgebiet der Natufien-Kultur. (Wadsworth, 2005)

Online verfügbar unter http://www.flickr.com/photos/58696257@N03/5512116621/.

Abb. 3: Drei Hacken aus der Zeit der neolithischen Revolution. Die einzige von Childe verwendete Abbildung in „The Neolithic Revolution" (Childe, 1941).

Online verfügbar unter http://www.flickr.com/photos/58696257@N03/5512551604/.

Abb. 4: Vere Gordon Childe in Skara Brae auf Mainland, Orkney in Schottland (http//:www.bbc.co.uk).

Online verfügbar unter http://www.flickr.com/photos/58696257@N03/5512523210/#/.

Milton Keynes UK
Ingram Content Group UK Ltd.
UKHW011950210823
427215UK00004B/400